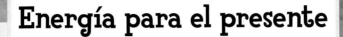

Energía para el presente

Petróleo, gas y carbón

Por Tea Benduhn

Consultora de lectura: Susan Nations, M.Ed., autora/consultora en alfabetización/consultora de desarrollo de la lectura

Consultora de ciencias: Debra Voege, M.A., especialista en recursos curriculares de ciencias

WEEKLY READER®
PUBLISHING

Please visit our web site at www.garethstevens.com.
For a free color catalog describing our list of high-quality books,
call 1-800-542-2595 (USA) or 1-800-387-3178 (Canada). Our fax: 1-877-542-2596

Library of Congress Cataloging-in-Publication Data

Benduhn, Tea.
 [Oil, gas, and coal. Spanish]
 Petróleo, gas y carbón / por Tea Benduhn ; consultora de lectura, Susan Nations ;
 consultora de ciencias, Debra Voege.
  p. cm. — (Energía para el presente)
 Includes bibliographical references and index.
 ISBN-10: 0-8368-9267-4 — ISBN-13: 978-0-8368-9267-3 (lib. bdg.)
 ISBN-10: 0-8368-9366-2 — ISBN-13: 978-0-8368-9366-3 (softcover)
 1. Fossil fuels—Juvenile literature. I. Title.
 TP318.3.B4618   2009
 665.5—dc22   2008024769

This edition first published in 2009 by
Weekly Reader® Books
An Imprint of Gareth Stevens Publishing
1 Reader's Digest Road
Pleasantville, NY 10570-7000 USA

Copyright © 2009 by Gareth Stevens, Inc.

Senior Managing Editor: Lisa M. Herrington
Senior Editor: Brian Fitzgerald
Creative Director: Lisa Donovan
Designer: Ken Crossland
Photo Researcher: Diane Laska-Swanke
Special thanks to Kirsten Weir

Spanish Edition produced by A+ Media, Inc.
Editorial Director: Julio Abreu
Translators: Adriana Rosado-Bonewitz, Luis Albores
Associate Editors: Janina Morgan, Rosario Ortiz,
 Bernardo Rivera, Carolyn Schildgen
Production Designer: Faith Weeks

Printed in the United States

1 2 3 4 5 6 7 8 9 10 09 08

Contenido

Las palabras definidas en el glosario están impresas en **negritas** la primera vez que aparecen en el texto.

Capítulo 1

¿Qué son los combustibles fósiles?

¿**H**as visto huesos gigantes de dinosaurio en un museo? Los dinosaurios son animales que vivieron hace millones de años. Lo sabemos gracias a los **fósiles**. Los fósiles son los restos de animales y plantas muy viejos. En millones de años, esos restos se convirtieron en piedra. Muchos tipos de animales y plantas vivieron mucho antes que los dinosaurios. Hoy sabemos eso gracias a los fósiles.

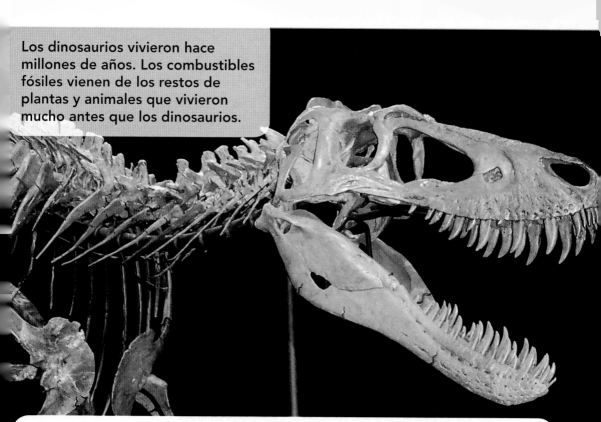

Los dinosaurios vivieron hace millones de años. Los combustibles fósiles vienen de los restos de plantas y animales que vivieron mucho antes que los dinosaurios.

Con el tiempo, los restos de algunas plantas y animales se convirtieron en **combustibles fósiles**, como el carbón, el petróleo y el gas natural. El carbón es negro y sólido, como una roca. El petróleo es un líquido café. El gas natural es invisible. Éstos dan **energía** para calentar nuestras casas, encender luces y mover nuestros autos. Casi todos los autos usan gasolina, un combustible hecho de petróleo y no de gas natural.

La energía es la habilidad de hacer un trabajo. Todo lo que se mueve tiene energía. La energía almacenada es **energía potencial**. La energía en movimiento es **energía cinética**. Los combustibles fósiles tienen energía potencial. Por ejemplo, el tanque de gasolina de un auto tiene energía potencial. Cuando se arranca el auto, el motor quema gasolina. Quemarla es convertir energía potencial en cinética. Esa energía mueve al auto hacia delante.

Un auto que corre tiene mucha energía cinética.

Las plantas obtienen energía de la luz solar. Los animales obtienen energía de los alimentos. Cuando las plantas y los animales mueren, la energía se almacena. Hace millones de años, las plantas y los animales muertos se hundieron en la tierra. Con los años, se pudrieron y se hundieron más. Pasaron millones de años, y el calor y la presión los convirtieron en combustibles fósiles. Hoy, los sacamos para aprovechar su energía almacenada.

Los combustibles fósiles están en lo profundo. Unas bombas sacan petróleo del suelo marino.

Capítulo 2

Fuentes de energía

Hay muchas fuentes de energía. La luz del Sol, el viento y el agua tienen energía. La luz del Sol, el viento y el agua son **recursos renovables**. No se acaban. El Sol brilla todos los días. El viento siempre sopla en alguna parte de la Tierra. La cantidad de agua en el mundo siempre es la misma. Nunca nos acabaremos su energía.

Los autos y los aviones usan petróleo.

Hoy, obtenemos casi toda nuestra energía de combustibles fósiles. Las plantas de energía queman carbón para la electricidad que alumbra casas y escuelas. Autos y aviones queman gasolina y otros combustibles hechos de petróleo. Quemamos gas natural para cocinar y calentar las casas. Estos combustibles fósiles son **recursos no renovables**. No se pueden sustituir. Al usarse, desaparecen para siempre.

El número de autos sigue subiendo. Si más personas usan combustibles fósiles, los precios suben.

¿Has oído a los adultos hablar del precio elevado de la gasolina? Sus precios y los de otros combustibles van subiendo. Los precios suben porque los combustibles fósiles se están acabando. Cada día, la reserva mundial de combustibles fósiles se reduce. La población mundial aumenta cada año y más personas necesitan energía. Casi toda esa energía es de combustibles fósiles.

En algunas ciudades se usan máscaras especiales para protegerse del aire contaminado.

Los combustibles fósiles se necesitan para tener energía, pero usarlos puede dañarnos. Hay que quemar carbón, petróleo y gas natural para liberar su energía. Quemarlos libera gases que calientan la Tierra poco a poco. Esta alza en la temperatura se llama **calentamiento global**. Los gases de la quema de combustibles fósiles generan **contaminación**. El aire contaminado es sucio y puede enfermar a las personas.

Capítulo 3

Cómo funcionan los combustibles fósiles

Los combustibles fósiles se forman en lo profundo de la Tierra. Sacarlos es difícil. El carbón se encuentra bajo capas de roca. Para sacarlo tenemos que talar la roca. Los mineros cavan una fosa grande para sacarlo. También usan máquinas para cavar un pozo, o túnel, bajo tierra. Las máquinas trituran el carbón y sacan piezas pequeñas de la mina.

Las plantas de energía hacen la electricidad que usamos en las casas y escuelas. La obtienen de combustibles fósiles. Las plantas de energía queman carbón u otros combustibles fósiles para calentar agua. El agua caliente se convierte en vapor, como el de una tetera. El chorro de vapor gira una **turbina**. Ella está conectada a una máquina llamada **generador**. El generador convierte la energía cinética de la turbina en electricidad.

En general las plantas de energía en Estados Unidos queman carbón para hacer electricidad.

El petróleo y el gas natural también se encuentran bajo la Tierra. Están atrapados tan hondo que están bajo gran presión. Para llegar al petróleo y el gas hay que cavar pozos. Ellos liberan la presión y los combustibles salen a la superficie. De ahí van a fábricas. El petróleo viaja en grandes tuberías o en buques petroleros. Si el petróleo se derrama al viajar, puede dañar el medio ambiente.

Si el petróleo se derrama, puede dañar a aves y la vida silvestre.

El petróleo directo de la tierra, el **petróleo crudo**, es espeso y con grumos. Hay que limpiarlo en una **refinería**. El petróleo refinado se convierte en gasolina. El petróleo también se usa para hacer otros productos, ¡como el plástico y las crayolas! El gas natural también se refina y se convierte en líquido que llega a las casas por tuberías. Se usa para calentar y cocinar.

El petróleo se usa en productos caseros, ¡como las crayolas!

Capítulo 4

La energía en el futuro

Los combustibles fósiles no son perfectos. Contaminan y no durarán para siempre. Pero nuestras vidas serían muy diferentes sin ellos. El 85 por ciento de nuestra energía viene de carbón, petróleo y gas natural. Los científicos no saben cuándo se acabarán. Hoy, buscamos formas para usar más fuentes renovables de energía. También trabajamos para hacer los combustibles fósiles más limpios.

Hoy, casi toda la electricidad viene de plantas de energía que queman carbón. En el futuro, la energía podría venir de recursos renovables, como el agua, el Sol y el viento. El agua corriente puede girar turbinas para hacer electricidad. La energía del Sol, o solar, puede recolectarse en **paneles solares**. Las granjas de viento pueden recolectar la energía del viento que sopla. Más de 30 estados producen electricidad de la energía del viento.

Las granjas de viento recolectan la energía del viento. En el futuro, quizás obtengamos más energía del viento.

Los científicos buscan cómo hacer que el carbón sea un energético más limpio.

Por ahora, casi toda la energía viene de combustibles fósiles. Los científicos buscan cómo reducir la contaminación que generan. Hay filtros especiales que atrapan parte de la contaminación que se va al aire. También podrían atrapar algunos de los gases que causan el calentamiento global. Los científicos también hacen máquinas más limpias para quemar combustibles fósiles sin liberar tanta contaminación.

Los autos, camiones y aviones usan grandes cantidades de combustibles fósiles. Los científicos buscan cómo hacer autos que usen fuentes de energía más limpias. Ya usamos autos que usan menos gasolina. Los **autos híbridos** usan una mezcla de gasolina y electricidad. Otros autos usan combustibles nuevos que son más limpios que la gasolina. En el futuro, más autos nuevos usarán menos gasolina.

Los híbridos van más lejos con un tanque de gasolina que otros autos.

Los científicos tienen muchas ideas para reducir el uso de los combustibles fósiles. Pero no hay que ser científico para ayudar a solucionar el problema de energía. La mejor forma es usar menos combustibles fósiles al **conservar**, o ahorrar, energía. Tú puedes ayudar a conservar la energía en tu casa y escuela.

¡Ésta es una idea brillante! Cambia las bombillas viejas por unas que usan menos energía.

Usar bicicletas en lugar de autos es divertido y ahorras energía. ¡También es buen ejercicio!

¿Cómo puedes ayudar a ahorrar energía? Asegúrate de apagar las luces. Apaga los videojuegos, televisiones, y computadoras cuando no los estés usando. Camina o usa la bicicleta en vez de usar el auto. Baja la calefacción un poco durante el invierno. Usa menos el aire acondicionado en el verano. Al conservar energía, puedes ayudar a que nuestro planeta sea más limpio y verde.

Glosario

autos híbridos: autos que usan gasolina y electricidad

calentamiento global: elevación lenta de la temperatura de la Tierra

combustibles fósiles: fuentes de energía, como petróleo, gas o carbón, formados de los restos de plantas o animales que vivieron hace millones de años

conservar: ahorrar

contaminación: materiales dañinos en el ambiente

energía: la habilidad de hacer un trabajo

energía cinética: energía en movimiento

energía potencial: energía que se almacena

fósiles: los restos de plantas o animales que vivieron hace millones de años

generador: máquina que hace electricidad u otra energía

paneles solares: aparatos que recolectan la energía del Sol

petróleo crudo: petróleo que no está refinado

recursos no renovables: que no se pueden usar de nuevo. Al usarse, se van para siempre. Los combustibles fósiles son recursos no renovables.

recursos renovables: que pueden usarse de nuevo. Los recursos renovables pueden ser aire, agua, luz solar, viento, plantas y animales.

refinería: una planta que refina el petróleo crudo

turbina: máquina que gira para crear electricidad

Para más información

Libros

Air Pollution. Science Matters (series). Heather C. Hudak
(Weigl Publishers, 2006)

Fossil Fuels. Sources of Energy (series). Diane Gibson
(Smart Apple Media, 2004)

Sitios Web

EIA Energy Kid's Page

www.eia.doe.gov/kids/energyfacts/sources/non-renewable/coal.html

Aprende más sobre cómo se forma el carbón, cómo se mina y cómo
se usa para hacer electricidad.

Kaboom! Energy

tiki.oneworld.net/energy/energy.html

Aprende sobre muchas fuentes de energía, como los combustibles
fósiles.

Nota del editor para educadores y padres: Nuestros editores han revisado meticulosamente
estos sitios Web para asegurarse de que sean apropiados para niños. Sin embargo, muchos
sitios Web cambian con frecuencia, y no podemos asegurar que el contenido futuro de los sitios
seguirán satisfaciendo nuestros estándares altos de calidad y valor educativo. Se le advierte que
se debe supervisar estrechamente a los niños siempre que tengan acceso a Internet.

Índice

Acerca de la autora

Tea Benduhn escribe libros y edita una revista. Vive en el hermoso estado de Wisconsin con su esposo y dos gatos. Las paredes de su casa están cubiertas de repisas llenas de libros. Tea dice: "Leo todos los días. ¡Es más divertido que ver televisión!"